# NOTICE

SUR

# LES ÉVÈNEMENTS

DONT AVESNES A ÉTÉ LE THÉATRE

EN 1814 ET EN 1815.

# NOTICE

sur

# LES ÉVÈNEMENTS

DONT

## AVESNES A ÉTÉ LE THÉATRE

### EN 1814 ET EN 1815,

Par LEBEAU ( Isidore ),

PRÉSIDENT DU TRIBUNAL DE PREMIÈRE INSTANCE D'AVESNES,
PRÉSIDENT DE LA SOCIÉTÉ ARCHÉOLOGIQUE DE CETTE VILLE,
MEMBRE CORRESPONDANT DU MINISTÈRE DE L'INSTRUCTION PUBLIQUE POUR
LES SCIENCES HISTORIQUES, DE LA SOCIÉTÉ DES ANTIQUAIRES DE FRANCE,
DE LA COMMISSION HISTORIQUE DU DÉPARTEMENT DU NORD,
ET DE PLUSIEURS AUTRES SOCIÉTÉS SAVANTES ;

AUGMENTÉE DE QUELQUES NOTES

Par MICHAUX aîné,

VICE-PRÉSIDENT DE LA SOCIÉTÉ ARCHÉOLOGIQUE D'AVESNES,
MEMBRE CORRESPONDANT DE LA COMMISSION HISTORIQUE
DU DÉPARTEMENT DU NORD, DU CERCLE ARCHÉO-
LOGIQUE DE MONS ET DE LA SOCIÉTÉ
DUNKERQUOISE.

A AVESNES,
CHEZ MICHAUX AINÉ, ÉDITEUR, GRANDE PLACE.
M DCCC L IX

NOTA

Tout ce qui est signé A.J.M., ou entre deux crochets [ ], est propre à l'éditeur.

IMPRIMERIE DE E. PRIGNET, A VALENCIENNES.

# EXPOSÉ PRÉLIMINAIRE.

La relation, qui suit, des évènements dont Avesnes a été le théâtre en 1814 et en 1815, a été donnée presque entièrement par M. le Président Lebeau, dans son *Précis de l'histoire d'Avesnes*, dont elle forme la dernière note (pages 200 à 210).

Elle fut d'abord préparée pour figurer dans le texte principal du *Précis*; mais, par des raisons qu'on ne s'explique pas aujourd'hui, il crut devoir la supprimer. Ce ne fut que plus tard, lorsque l'impression de l'ouvrage allait être achevée, que, cédant aux conseils de ses amis, il se décida enfin à la publier. C'est ainsi qu'il fut obligé de la reléguer dans les notes : certes, elle méritait une meilleure place.

Dans la nouvelle édition, on a reproduit le premier travail, en y maintenant certaines parties qui avaient été supprimées. L'éditeur, de son côté, y a ajouté quelques notes qui lui ont paru présenter de l'intérêt, ainsi que l'acte de capitulation de la place d'Avesnes en 1815.

Les faits, en général, sont rappelés avec vérité dans cette notice ; la partie qui traite de l'explosion de la poudrière de l'*Ecluse*, en juin 1815, est surtout émouvante. Déjà plusieurs écrivains ont essayé de dépeindre cette scène de désolation ; mais, comme l'a dit **M. A.** Dinaux dans l'*Echo de la Frontière* du 25 juillet 1844, leurs « récits sont pâles auprès de « la narration simple et touchante de **M.** Lebeau. »

Un tel témoignage, honorable pour l'auteur, a incontestablement une grande valeur.

A J. M.

# NOTICE
## SUR
# LES ÉVÈNEMENTS
### DONT AVESNES A ÉTÉ LE THÉATRE,
### EN 1814 ET EN 1815.

## 1814.

Victime de sa généreuse compassion et des soins empressés que les malades militaires avaient reçus dans son sein, Avesnes pleurait un nombre considérable de ses habitants enlevés par le typhus (1), quand il tomba inopinément au pouvoir de l'étranger.

---

(1) Avesnes fut, vers la fin de 1813, un des lieux de passage où s'arrêtèrent les longs et funèbres convois de malades transportés mourants des bords du Rhin jusque dans l'intérieur de la France. La population en masse vint au secours de ces malheureux, et il n'est presque pas de familles de la ville qui n'eurent à déplorer la perte d'un ou de plusieurs de leurs membres, devenus victimes de leur humanité et de leur dévouement.

Le 9 de février 1814, avant le lever du soleil, les sons précipités et lugubres du tocsin répandirent tout-à-coup l'alarme dans la ville : plusieurs cosaques venaient de se montrer aux barrières. La place était entièrement désarmée. On avait mis, à chaque porte, une petite pièce de canon et une pile de boulets, mais avec tant de précipitation et d'incurie, qu'il se trouva que les pièces étaient hors de service et que les boulets n'étaient pas de calibre. Les ponts-levis ne pouvaient plus se mouvoir, à défaut de bascules, et les revêtements des murs étaient percés, de toutes parts, de larges brèches. Des vingt-quatre conscrits dont la garnison se composait la veille, treize avaient déserté dans la nuit, les onze autres s'étaient cachés ou dispersés. Un tambour seul faisait le tour des remparts, en battant le rappel. Vers le milieu de la matinée, on vit les hauteurs qui dominent Avesnes, au nord, se garnir d'une cavalerie formidable rangée en haie et décrivant un demi-cercle. Un peu plus tard un parlementaire se précipite à la porte de Paris, agitant un mouchoir blanc qu'il tenait à la main ; le commandant se montre sur le parapet, entouré de quelques bourgeois. Pendant le pourparler qui s'engage, plusieurs femmes, effrayées des conséquences, soit d'une résistance imprudente, ou d'une surprise par escalade, courent vers la porte, armées des pioches et des pinces que les paveurs, travaillant dans la rue, venaient d'y laisser, et les fermetures cèdent sous leurs efforts. Au même instant les cosaques, dont le parlementaire était escorté, se précipitent, la bride aux dents, des pistolets aux poings, suivis d'un régiment à pied, et la ville est occupée.

L'armée russe et l'armée prussienne employèrent à la traverser un temps considérable : Jours et nuits de fatigues et d'angoisses pour les malheureux habitants ! D'heure en heure, les maisons se remplissaient de nouveaux hôtes ; il fallait non-seulement pourvoir à leurs besoins, mais encore leur donner tout à discrétion, et qui ne sait que, dans de telles circonstances, la discrétion d'un soldat n'a pas de bornes! L'infortuné père de famille, qui ne pouvait procurer à ses enfants le nécessaire, était contraint de fournir le superflu à des étrangers. Assujetties aux plus dégoûtants offices de la domesticité, les femmes étaient étourdies de grossières injures, et leur patience, leur douceur, leur faiblesse ne les préservèrent pas toujours d'un traitement cruel et ignominieux (1).

Le cours de la justice (2), les affaires, le commerce, les

---

(1) De semblables excès ne se commettaient sans doute ni sous les yeux ni dans les logements des chefs ; mais quelques soins qu'ils se donnassent pour maintenir la discipline, leur surveillance ne pouvait s'exercer partout, et leurs propres gens mêmes parvenaient quelquefois à s'y soustraire. Ces troupeaux d'esclaves, amenés des bords de la Newa et de la Moskowa, tâchaient de se dédommager, en France, des gènes de la servitude, en les faisant supporter à leurs hôtes. Toutefois, il est juste de convenir qu'il se rencontrait, jusque dans cette classe, des hommes traitables, et que les officiers, pour la plupart, surtout dans les grades supérieurs, se montraient doux, humains, compatissants. Les indigents n'ont pas oublié que le général Wintzingerode préleva sur les caisses publiques dont les droits de la guerre l'avaient rendu maître, une somme de 1,100 fr. qu'il leur fit distribuer. Le gouverneur temporaire de la ville, Nazakin, en prenant les mesures les plus efficaces pour que rien ne manquât aux troupes d'occupation, sut alléger les charges, adoucir les souffrances des bourgeois, et, par la sagesse et la fermeté de sa conduite, mérita leur reconnaissance. Pour la lui témoigner, ils lui présentèrent, à son départ, un sabre d'honneur. De son côté, il leur laissa, comme un gage de ses sentiments, deux petits canons modèles, en cuivre.

(2) Les attributions du tribunal d'Avesnes avaient été provisoirement conférées à celui de Cambrai ; mais on n'était guère tenté d'aller solliciter au loin des jugements dont il était au moins douteux qu'on pût obtenir l'exécution.

communications étaient suspendus. A ces calamités vint s'ajouter la peur d'un avenir plus redoutable. Le bruit courait que l'occupation d'Avesnes avait été présentée, dans un ordre du jour, comme un effet de la trahison et de la lâcheté des habitants, et, quoique l'absurdité d'une semblable imputation fût manifeste, il leur semblait qu'au lieu de leur délivrance, ils n'avaient plus à attendre que les excès d'une vengeance aveugle et furieuse. Les garnisons voisines, dans des incursions nocturnes, s'approchaient fréquemment des ouvrages extérieurs de la place, et pouvaient se concerter pour la surprendre (1). Les *houras* sinistres qui, depuis le crépuscule du soir jusqu'au crépuscule du matin, se faisaient entendre sans discontinuation autour des murs, loin de dissiper cette crainte, contribuaient à l'entretenir. Elle devint de la terreur dans deux occasions différentes : une première fois quand les fuyards, traînant quelques débris d'équipages et précédant un convoi de blessés, annoncèrent que l'armée russe, entièrement défaite, rétrogradait, poursuivie par Napoléon, qui l'avait battue aux environs de Laon et mise en déroute ; la seconde, lorsqu'on apprit que le général Maison, à la tête de l'armée qu'il avait recueillie sur les côtes de Flandre, arrivait dans le voisinage d'Avesnes. Mais l'empereur, ayant vainement essayé d'emporter Laon, s'était retiré lui-même en Champagne. Le général Maison avait paru sur les bords de la Sambre, mais il n'avait pas traversé la rivière (2).

---

(1) La garnison de Maubeuge délivra deux ou trois cents prisonniers à quelques lieues d'Avesnes, et celles de Landrecies et du Quesnoy, réunies, dispersèrent le poste que les Russes avaient à Favril et tuèrent l'officier qui le commandait.

(2) *Campagnes de 1814 et de 1815*, tome I$^{er}$, p. 414 et 420.

Quoiqu'on ignorât dans la ville ce qui se passait au dehors, l'appréhension d'un danger peu durable finissait ordinairement par s'évanouir; mais alors le sentiment des peines journalières dont on n'avait été que passagèrement distrait, se reproduisait avec une nouvelle intensité, comme celui de la souffrance chez un malade qui, après le transport, retombe dans l'accablement de la fièvre. Les jours, les semaines, les mois augmentaient, en s'écoulant, l'impatience de maux que la marche du temps rendait de plus en plus insupportables, sans paraître en rapprocher le terme.

On apprit enfin que les armées combinées étaient entrées dans Paris, abandonné par la régence; que les puissances belligérantes avaient pris l'engagement de maintenir l'intégrité du territoire français tel qu'il était en 1789; que les Bourbons, en marche pour la capitale, allaient remonter sur le trône de leurs ancêtres; que le sénat et le corps législatif avaient prononcé la déchéance de Napoléon Bonaparte, et que celui qui naguère foulait le monde à ses pieds (1), abandonné d'une grande partie de l'armée, proscrit, fugitif, errait à l'aventure, suivi d'un petit nombre de preux. A ces nouvelles, quelques lueurs d'espérance pénétrèrent au fond des cœurs, et quelques rayons de joie brillèrent sur les fronts courbés et abattus. Avesnes se trouvait délivré du moins des frayeurs que la possibilité d'une surprise ou d'un siége, des horreurs d'un sac ou d'une exécution militaire y avait causées. La paix ne tarda pas à se conclure, et les étrangers, après trois mois d'occupation, repassèrent les frontières (2).

---

(1) Châteaubriand, *De Buonaparte et des Bourbons.*

(2) Avesnes fut évacué le 12 mai 1814. [On estime à plus d'un million les pertes et les dépenses occasionnées par l'invasion de 1814 dans l'arrondissement d'Avesnes, qui alors comprenait l'enclave de

Ainsi devaient se terminer des guerres qui, depuis vingt-deux ans, ensanglantaient l'Europe, la couvraient de ruines, y entretenaient la misère et la désolation. A la vie des camps, aux hasards des combats, devaient succéder les occupations plus douces de la vie civile : les mères se félicitaient de n'avoir plus désormais à craindre de voir arracher leurs enfants de leurs bras pour être lancés dans une carrière pleine de périls ; l'agriculture, le commerce, l'industrie, les arts, devaient prendre une activité nouvelle et répandre l'aisance dans toutes les classes de la société : on entrait dans une ère de prospérité et de bien-être. Avesnes qui, par la réunion des terres de Chimay et de Beaumont à l'arrondissement dont il est le chef-lieu, acquérait d'inappréciables avantages ; Avesnes surtout semblait avoir toute sorte de sujets de joie. Néanmoins, il était morne, au milieu des réjouissances publiques. Il s'y donna des fêtes, mais que n'anima point la gaieté ; les physionomies froides et composées annonçaient plus de préoccupation que de contentement ; de douloureux souvenirs, des pressentiments sinistres contristaient les âmes : l'horizon sur lequel on avait cru voir briller une aurore de bonheur, se couvrait de nuages. A peine le calme avait-il paru se rétablir que déjà un nouvel orage grondait dans le lointain.

---

Barbençon. Il y passa des corps d'armée russes, prussiens et saxons, qu'on évalue ensemble à 200,000 hommes, dont la moitié en cavalerie, et du 9 février au 12 mai, 2,000 hommes et 1,000 chevaux y restèrent en permanence, où ils vécurent à discrétion. On verra facilement que l'évaluation n'est pas exagérée, quand on saura que la seule commune d'Avesnelles, qui ne comptait que 498 habitants, a fait alors des fournitures de toute sorte pour plus de 52,000 francs ]

## 1815.

Aucun effort, aucune puissance n'avait été capable de concilier les esprits divisés d'opinions et d'intérêts : une foule disparate de mécontents, composée et de ceux qui avaient perdu au changement de régime, et de ceux qui craignaient de perdre, et de ceux dont les espérances avaient été déçues, allait croissant, importunée de ses propres plaintes ; les militaires, las de leur loisir, regrettaient le chef qui, à travers les fatigues et les dangers, les conduisait à la victoire ; dans les embarras et les entraves d'une complication d'affaires inextricable, la marche du gouvernement était mal assurée. Soudain, un cri d'alarme retentit du midi au nord : Bonaparte, échappé de l'île d'Elbe, avait abordé à la côte du golfe Juan et s'avançait vers la capitale. Ralliant à lui les troupes qu'on envoyait pour le combattre, il n'étonnait pas moins par la rapidité de ses progrès que par celle de sa marche. La cour impériale vint, sans qu'il eût été brûlé une amorce, remplacer, aux Tuileries, la cour royale, qui s'acheminait en désordre, escortée de peu de fidèles, vers Gand, où elle s'arrêta.

L'apparition d'un commissaire extraordinaire (1) dans Avesnes y répandit l'inquiétude. Il occupa le premier rang,

---

(1) L'ancien intendant des bâtiments de la couronne [le baron Louis Costaz, vint à Avesnes en qualité de commissaire extraordinaire pour les départements du Nord et du Pas-de-Calais. Il reçut cette mission en avril 1815.] On a prétendu qu'un autre personnage encore avait été envoyé à son tour pour y remplir une mission semblable. Quoiqu'il en soit, l'arrondissement n'eut à se plaindre ni de l'un ni de l'autre.

parmi les fonctionnaires, au *Te Deum* chanté, par ordre, à l'occasion du retour de l'Empereur. Quelque temps après son départ, M. Prissette, sous-préfet d'Avesnes, administrateur intègre, éclairé, digne de l'affection de ses concitoyens, reçut l'injonction de cesser l'exercice de ses fonctions. On envoya pour le remplacer le conventionnel Mallarmé (1), que sa mission dans le département de la Meuse avait rendu si célèbre. Sa courte administration fut marquée par des actes

---

(1) François-Réné-Auguste Mallarmé naquit en Lorraine vers 1756. Nommé procureur-syndic à Pont-à-Mousson en 1790, il fut élu, l'année suivante, député du département de la Meurthe à l'Assemblée législative, puis à la Convention nationale en 1792. Dans le procès du roi, en 1793, il vota pour la mort sans appel et sans sursis, et le 31 mai, il obtint la présidence de cette dernière assemblée, qu'il exerça jusqu'au 14 juin suivant. Il remplit diverses missions dans les départements de la Meurthe et de la Moselle, et on l'accusa d'avoir fait des proclamations sanguinaires et d'avoir immolé, dans ces contrées, un grand nombre d'habitants innocents. Il fut décrété d'accusation le 1er juin 1795 et ne recouvra sa liberté que le 26 octobre de la même année. Le directoire l'envoya, en 1796, dans le département de la Dyle, en qualité de commissaire du pouvoir exécutif près de l'administration centrale, et lui conféra les mêmes fonctions, en 1798, près le tribunal de Namur. Sous le gouvernement consulaire, Mallarmé fut chargé de l'organisation du département du Mont-Tonnerre, et nommé ensuite membre du tribunal d'appel de Maine-et-Loire. Napoléon, devenu empereur, le continua dans ces fonctions, en le faisant entrer comme conseiller dans la formation de la cour d'appel d'Angers, où il resta jusqu'à la réorganisation judiciaire de 1811. A partir de cette époque, il occupa la place de receveur principal des droits réunis à Nancy, qu'il conserva jusqu'en 1814. Nommé sous-préfet d'Avesnes le 20 avril 1815, il n'en exerça les fonctions que deux mois. Les Prussiens l'enlevèrent le 24 juin et le conduisirent à la citadelle de Wesel, pour y comparaître devant un conseil de guerre, à raison de quelques actes de sa dernière administration. Cette accusation n'eut pas de suite; mais, à peine délivré des mains de l'étranger, Mallarmé fut obligé de lui demander un asile : la loi du 12 janvier 1816 referma sur lui les portes de la France. (A J.M.)

et des évènements qui firent vivement regretter celle de son prédécesseur.

A la nouvelle du retour de Napoléon, les étrangers, à peine reposés de leurs fatigues, se préparèrent à de nouveaux combats. Ils avaient, en partant, désarmé la France, et un des premiers soins de Bonaparte, ce fut de recréer un matériel de guerre. On approvisionna les places fortes au moyen de réquisitions. Les beaux pâturages des environs d'Avesnes se couvrirent de chevaux ; plusieurs escadrons de cavalerie, des régiments d'infanterie, de formidables trains d'artillerie traversèrent la ville ; les communes rurales se remplirent de troupes qui s'y établirent en cantonnement. La division du comte Reille avait son quartier-général à Maubeuge, et celle du comte Lobau avait le sien à Avesnes, où le prince Jérôme passa, sur la place d'armes, une grande revue (1). Le lit en fer et la batterie de cuisine de l'empereur (2), les bagages de ses officiers, quantité de fourgons ; des équipages, des ambulances, plusieurs brigades d'infirmiers et deux voitures immenses, remplies jusqu'à une grande hauteur, de béquilles, de jambes de bois, de bandages, arrivèrent à la file.

Napoléon entra lui-même dans Avesnes, le 13 juin, vers les six heures du matin, accompagné d'un nombreux état-

---

(1) Le maréchal Ney y passa aussi une revue. Le général Pamphile de Lacroix, auteur d'un ouvrage estimable, exerçait alors, dans cette ville, un commandement.

(2) Le lit en fer de Napoléon fut déposé dans une des salles de l'ancien château, où les curieux allèrent le voir. A côté de ce meuble, ils purent ensuite annoter, dans leur album, la bassinoire en argent qu'on remarquait parmi d'autres ustensiles de ce genre dans la voiture qui transportait la batterie de cuisine.

major (1) et de sa garde. Il reçut le corps municipal et s'entretint quelques secondes avec le maire. Le clergé, le tribunal d'arrondissement, les juges-de-paix se présentèrent à leur tour. Après avoir attendu long-temps au pied d'un escalier, ils apprirent que l'empereur voulait prendre un peu de repos. Ils se représentèrent quelques heures plus tard, mais alors il travaillait et il ne leur fut pas permis de le distraire. Il avait en effet d'autre occupation que celle de donner des audiences et d'ouïr des harangues de pure étiquette, si, comme tout porte à le croire, ce fut d'Avesnes qu'il adressa l'ordre, au ministre de la guerre, d'expédier les fusils nécessaires pour armer les paysans belges ; au duc d'Albuféra de commencer les hostilités du côté des Alpes ; au gé-

---

(1) La suite de Napoléon se composait des personnages suivants :

*Grand-maréchal :*
  Bertrand.

*Officiers d'ordonnance :*
  Gourgaud,
  St-Yon,
  Dumoulin,
  Saint-Jacques,
  Lariboissière,
  Planat,
  Lanny,
  Résigny.

*Aides-de-camp : Les généraux*
  Regnaul,
  Montesquiou (A),
  Antru,
  Amillet,
  Chiappe.
  Drouot,
  Corbineau,
  Flahaut,
  Labedoyère,
  Letort,
  Bussy.

*Chambellan :*
  De Turenne.

*Maréchal-des-Logis :*
  Guerchy.

*Premier écuyer :*
  Le général Fouler.

*Cabinet :*
  Bernard, aide-de-camp,
  Fain,
  Antheny, secrétaires.
  Fleury,

*Ecuyers : Chambre :*
  St-Denis-Halix,
    1er chasseur,
  Hovera, 2e chasseur.
  Baron Mesgrigny.
  Baron Canisy.

Deux pages.

néral Rapp de défendre l'Alsace à outrance. Ce fut à Avesnes aussi qu'il prépara la proclamation du lendemain, dernier cri de l'aigle s'enfonçant dans l'abyme (1).

(1) En voici le texte :

« Soldats,

« C'est aujourd'hui l'anniversaire de Marengo et de Friedland, qui décida deux fois du destin de l'Europe. Alors, comme après Austerlitz, comme après Wagram, nous fûmes trop généreux ! Nous crûmes aux protestations et aux serments des princes que nous laissâmes sur le trône ! Aujourd'hui, cependant, coalisés entre eux, ils en veulent à l'indépendance et aux droits les plus sacrés de la France. Ils ont commencé la plus injuste des agressions. Marchons donc à leur rencontre ! eux et nous, ne sommes-nous plus les mêmes hommes ?

« Soldats ! à Iéna, contre ces mêmes Prussiens, aujourd'hui si arrogants, vous étiez un contre trois, à Montmirail un contre six.

« Que ceux d'entre vous qui ont été prisonniers des Anglais, vous fassent le récit de leurs pontons et des maux affreux qu'ils ont soufferts !

« Les Saxons, les Belges, les Hanovriens, les soldats de la confédération du Rhin gémissent d'être obligés de prêter leurs bras à la cause des princes ennemis de la justice et des droits de tous les peuples ; ils savent que cette coalition est insatiable ! après avoir dévoré 12 millions de Polonais, 12 millions d'Italiens, un million de Saxons, six millions de Belges, elle devra dévorer les états de deuxième ordre de l'Allemagne.

« Les insensés ! un moment de prospérité les aveugle. L'oppression et l'humiliation du peuple français sont hors de leur pouvoir. S'ils entrent en France, ils y trouveront leur tombeau.

« Soldats ! nous avons des marches forcées à faire, des batailles à livrer, des périls à courir ; mais avec de la constance, la victoire sera à nous ; les droits, l'honneur et le bonheur de la patrie seront reconquis !

« Pour tout Français qui a du cœur, le moment est arrivé de vaincre ou de périr ! »

« *Napoléon* . »

( Extr. des ouvrages de M. Vaulabelle.) ( A.J.M.)

Vers les six heures du soir, il parcourut à cheval, entouré d'officiers du génie, une partie de la ville et des remparts, sortit par la porte de Fleurus, s'avança jusqu'à l'embranchement des grandes routes de Maubeuge et de Solre-le-Château, et rentra par la porte de Paris. On assure que, à la vue des hauteurs qui commandent la place, il déclara qu'elle n'était pas tenable (1).

Le 14, il franchit la frontière à la tête de l'armée.

Il n'avait été laissé dans Avesnes, la veille encombrée de troupes, qu'une compagnie de vétérans pour y tenir garnison. Il s'y formait des approvisionnements considérables : d'énormes amas de blé et d'avoine étaient entassés dans les vastes greniers des casernes, et couvraient le pavé de l'église ; plusieurs voitures de poudre furent déchargées dans les magasins ; celui de l'Ecluse, qu'on avait empli, jusqu'au comble, d'artifices et de barils pleins, contenait 1,300,000 cartouches et 800 gargousses, outre une quantité de bombes et d'obus avec leurs charges.

Durant la matinée du 18, de petits détachements de blessés arrivèrent successivement dans la ville : les habitants, et surtout les femmes, s'empressèrent de panser leurs plaies encore saignantes. On publia, dans l'après-midi, la nouvelle de la victoire remportée à Ligny. Le 19, les blessés se succédèrent en nombre plus considérable : les uns précédaient, les autres suivaient un grand convoi de prisonniers. Le même jour, 200 hommes de la garde nationale de Seine-et-Oise vinrent remplacer celle de l'arrondissement, qui était partie depuis quelques semaines pour La Fère. Une compa-

---

(1) D'immenses travaux ont été exécutés depuis pour corriger, par l'art, l'effet de ces accidents de la nature.

gnie d'artilleurs exercés vint, en même temps, se joindre aux canonniers bourgeois pour le service des batteries.

Vers le milieu de la journée du 19, la grande route de Maubeuge parut couverte de toute sorte de troupes dans un désordre inexprimable ; elles se précipitaient vers les portes de la ville, qui se fermèrent aussitôt. Cavaliers, fantassins, voitures, pièces d'artillerie ; hommes, chevaux, équipages, pressés les uns contre les autres, se mouvaient pêle-mêle. De longues traînées, se détachant de droite et de gauche comme des rameaux de ce tronc si étrange, se répandaient à travers champs. L'armée entière, frappée d'épouvante, dans une déroute complète et se croyant poursuivie par l'ennemi, venait se rompre sous les murs d'Avesnes.

La solitude et le silence avaient succédé à cet affreux tumulte, qui dura trente-six heures consécutives, quand le 21, dans l'après-midi, on vit paraître, sur la même route, un peloton de Prussiens à cheval. Au coup de canon qu'on leur tira, ils se séparèrent pour laisser passer le boulet, qui tomba à quelques pas devant eux ; mais ils se reformèrent aussitôt et disparurent. On en aperçut d'autres qui s'avançaient avec de l'artillerie, par un chemin de traverse, à la faveur des haies dont il était couvert : un second coup de canon partit des remparts. Ils ripostèrent quelques minutes après, et mirent en pièces, du second des projectiles qu'ils lancèrent, la bannière qui flottait au haut du clocher. A la canonnade se mêla, vers six heures, le feu de la mousqueterie. Les habitants descendirent et s'entassèrent, hommes, femmes, enfants, dans les caves et les casemates. A onze heures environ, le feu se ralentit, puis cessa tout-à-fait. Beaucoup d'hommes sortirent des souterrains ; les uns allèrent s'étendre sur leurs lits, moins pour se livrer au sommeil que pour calmer leurs sens agités ; les autres parcoururent les rues à la douce et mélancolique clarté d'une lune brillante. Ayant entendu quelques nouveaux coups de canon, entre minuit et une heure, la plupart se hâtèrent de regagner l'asile qu'ils avaient quitté. Tout-à-coup une explosion épouvantable, avec des sifflements aigus, une commotion qui éteignit partout les lumières, une crépitation semblable à celle d'une fusée et une odeur de poudre suffoquante, laissèrent chacun momentanément persuadé qu'une bombe, tombée à ses côtés, allait éclater, et que cet instant affreux était le dernier de sa vie. Le magasin à poudre de *l'Ecluse* venait de sauter dans les airs, et, retombant sur la ville et les alentours en une grêle de plomb, de fer, de feu, de pierres, de souffre enflammé, de poutres flambantes, écrasait les toits, renversait les murs, couvrait le sol de décombres.

Dès que la frayeur fut dissipée, ceux qui craignaient d'avoir éprouvé des pertes, hommes et femmes pâles, consternés, silencieux, s'acheminèrent vers leurs demeures. On eût dit des spectres sortant de leurs tombeaux et se glissant, dans l'ombre, à travers les ruines d'une cité depuis longtemps déserte. Les bâtiments qui couronnent au nord le haut du rocher étaient percés à jour et découverts. Le bas de la ville, entièrement dévasté, offrait un aspect effroyable : les édifices, les arbres et jusqu'aux fondements, tout avait été renversé, bouleversé, fracassé, tout était confondu. Un gouffre profond, à demi-rempli d'une eau bourbeuse, avait remplacé le magasin, et, comme pour compléter ce tableau de désolation, des cadavres meurtris gisaient sur le bord du gouffre (1).

---

(1) L'explosion fut si puissante, que l'on retrouva, à des distances considérables de la ville, des pierres, des barres de fer et d'autres matériaux provenant de la poudrière, qui pesaient jusqu'à 80 et même 100 kilogrammes. Indépendamment de plusieurs édifices publics, 140

La cause de cet événement désastreux est inconnue. On paraissait, le lendemain, généralement persuadé que le feu avait été mis à dessein aux poudres; on craignait même pour les autres magasins. Les anecdotes qui circulèrent alors entretinrent l'inquiétude pendant une grande partie de la journée. Quelques personnes, disaient les uns, avaient été mystérieusement averties par des demi-confidences ou des paroles obscures, dont le sens n'était actuellement que trop compréhensible; d'autres assuraient que, dans l'impossibilité d'évacuer les approvisionnements amassés dans la place, on avait, selon un ordre exprès, tenté ce moyen de les détruire, afin que l'ennemi n'en pût profiter. Il avait été laissé, la veille, un caisson plein de poudre ou de cartouches auprès et vis-à-vis de la porte du magasin. Il n'est pas impossible qu'un obus, en tombant sur ce caisson, ait occasionné l'explosion. D'un autre côté, quelques moments avant qu'elle éclatât, on était entré dans le magasin pour y prendre les munitions dont on manquait; après les déchargements considérables des jours précédents, il pouvait être resté des traînées de poudre sur la trace des porteurs, et peut-être une étincelle ou jaillissant du choc de corps propres à en produire, ou tombée de la lumière dont on s'éclairait, a-t-elle seule causé cet effroyable catastrophe. Vingt ou vingt-cinq per-

---

maisons particulières furent détruites, et les autres éprouvèrent toutes des dommages plus ou moins grands. On évalua à 414,459 francs, les dégâts purement matériels causés aux bâtiments par cet événement déplorable. Heureusement que, pour venir en aide aux habitants, le gouvernement leur accorda des bois pour une somme importante. La vente qui en fut faite produisit 213,545 francs, que l'on répartit entre les intéressés, d'après les bases sanctionnées par l'autorité.

(A. J. M.)

sonnes, dont quatre de la ville, y compris un enfant au berceau, périrent atteintes par quelques débris, des éclats de pierre, ou écrasées sous les décombres.

[Après un tel désastre, la ville, hors d'état d'opposer désormais une résistance sérieuse, ne devait plus penser qu'à obtenir une capitulation honorable. Tout le monde comprenait cette fâcheuse extrémité. Mais, tandis qu'on songeait à négocier, un incident faillit à exposer les habitants à de nouveaux malheurs : quelques canonniers, désespérés de nos revers, coururent en furieux à leurs pièces et ajustèrent le parlementaire ennemi qui se présentait sous les murs de la place. Ce ne fut pas sans peine que leurs chefs parvinrent à les empêcher de suivre leur mauvaise inspiration, et à conjurer ainsi des maux incalculables (1).

Voici le texte de la capitulation obtenue :

« Son Excellence le lieutenant-général de Ziéthen, commandant en chef le premier corps d'armée de Sa Majesté le roi de Prusse, grand-croix de l'ordre de l'Aigle Rouge, ayant donné à M. le major Wesphalen l'autorisation de traiter avec M. le major Barry, commandant supérieur de la place d'Avesnes, ils sont convenus des articles suivants, savoir :

1° La place sera rendue aux troupes de Sa Majesté le roi de Prusse.

2° La garnison en sortira dans le délai de trois heures, avec tous les honneurs de la guerre, à dater de la ratification de la présente, et mettra bas les armes sur les glacis.

---

(1) M. Aimé Leroy, *Archives histor.*, 1<sup>e</sup> série, tome 1<sup>er</sup>, p. 337 et suiv. (A. J. M.)

3' Les troupes qui forment la garnison, ainsi que tous les militaires qui se trouvent dans la place, seront prisonniers de guerre. Sont exceptés les gardes-nationaux natifs des pays occupés par les troupes alliées.

4° Les officiers, sans distinction, conserveront leurs chevaux, effets, armes et bagages.

5° Il sera nommé, de part et d'autre, un commissaire des guerres pour la remise des caisses, armes militaires, provisions et magasins de telle nature qu'ils soient.

6° L'officier supérieur du génie fera la remise de tous les plans, archives et cartes qui se trouvent dans la place.

7° Les habitants, eu égard à leurs malheurs, seront traités avec tous les ménagements possibles.

8' Les malades et blessés qui se trouvent dans la place seront recommandés à la générosité de Sa Majesté le roi de Prusse.

9° La présente capitulation, faite en double, sera ratifiée dans le délai d'une heure, et, aussitôt après, les portes seront occupées par les troupes de Sa Majesté le roi de Prusse.

Fait à Avesnes le vingt-deux juin mil huit cent quinze, à sept heures un quart du matin.

(Signé) *Le comte de Wesphalen*, major au service de S. M. le roi de Prusse.

(Signé) *Barry*, colonel-major de cavalerie, commandant supérieur de la place.

Signé et ratifié par moi, le lieutenant-général *Ziethen*, devant Avesnes, le vingt-deux juin mil huit cent quinze. »

Dès lors, la ville ] se retrouva sous le joug d'une occupation militaire plus accablante que celle qu'elle avait déjà subie (1).

---

(1) A partir de la reddition de la place jusqu'à la fin de l'année 1815, 14 à 15 cents Prussiens, outre les troupes de passage, occupèrent constamment la ville, vivant à discrétion chez l'habitant. — On suppute que, dans les premiers temps, il passa à Avesnes et aux environs plus de 240,000 soldats de l'armée alliée, se rendant dans le département de l'Aisne, et, à Bavai, environ 256,000 Anglais, Hollandais, Belges, Hanovriens et Hessois, se dirigeant sur le Câteau. Il est impossible d'évaluer, même approximativement, les dépenses excessives qu'occasionnèrent ces avalanches de troupes étrangères. Mais, le pire encore pour le pays, ce furent les contributions de guerre, les réquisitions d'effets d'habillement, de convois militaires, de bestiaux, grains et denrées de toute sorte, qui achevèrent de ruiner les campagnes.

(A. J. M.)